हिन्दी-अंग्रेज़ी कहावत कोश

हिन्दी अंग्रेजी कहावत कोश

संग्रहकर्ता

डॉ. ब्रजमोहन

वाणी प्रकाशन

वाणी प्रकाशन
4695, 21-ए, दरियागंज, नयी दिल्ली 110 002

शाखा
अशोक राजपथ, पटना 800 004

फ़ोन: +91 11 23273167 फ़ैक्स: +91 11 23275710

www.vaniprakashan.in
vaniprakashan@gmail.com
sales@vaniprakashan.in

HINDI-ANGREJI KAHAWAT KOSH
compiled by Dr. Brijmohan

ISBN : 81-7055-992-8
Dictionary

संस्करण 2002
आवृत्ति 2016

मूल्य: ₹75

रजौरिया प्रिंटर्स, दिल्ली-110 093 में मुद्रित

वाणी प्रकाशन का लोगो मक़बूल फ़िदा हुसेन की कूची से

निवेदन

'कहावत' का जन्म मुहावरे की भाँति लोकमानस से होता है। यह जन-वाणी का ही नहीं, बल्कि शिष्ट-भाषा का भी शृंगार होती है। यही कारण है कि विद्यार्थियों को बचपन से लेकर किशोरावस्था तक कहावतें सिखाई जाती हैं, जिनका प्रमाण देश-विदेश के स्कूलों तथा कॉलेजों के पाठ्यक्रमों से मिलता है।

कहावतें लक्ष्णा-शक्ति से सम्पन्न होती हैं। कहीं जीवन के कटु एवं मधुर अनुभव, कहीं संसार की रहस्यमयी दार्शनिकता, कहीं उपदेशात्मक अंश, कहीं देश-विदेश के सांस्कृतिक चिन्ह और कहीं असम्भव को बातों ही बातों में सम्भव कर दिखाने की कारीगरी कहावतों के भीतर लुकी-छिपी रहती हैं। यही बहुविध आकर्षक तत्व वास्तव में 'बोलने वाले की बात' की गरिमा को बढ़ा देते हैं और 'कहावत' के संस्कृत पर्याय 'लोकोक्ति' (Proverb) की सार्थकता सिद्ध कर दिखाते हैं। 'कहावत' या 'लोकोक्ति' सीधी-सपाट भी हो सकती है, जैसे :

1. कुत्ते का कुत्ता बैरी।
2. हीरे को हीरा काटता है।

किन्तु कहावतें बहुधा उलझी-सी बातें श्रोता के सम्मुख रखती हैं, जिन्हें सुलझाने के लिए 'पूरक' (Supplement) की आवश्यकता पड़ती है। यह पूरक एक ही शब्द की दोहराहट (Repetition) के रूप में भी हो सकता है--और एक स्वतन्त्र वाक्य के रूप में भी। पहले का उदाहरण हैं उपर्युक्त दोनों कहावतें, जिनमें क्रमशः 'कुत्ता' और 'हीरा' शब्द की पुनरावृत्ति हुई है।

दूसरी विधा का उदाहरण है, वे पूरक वाक्य जिनकी भिन्नता को अर्धविराम (Comma) के द्वारा लक्षित किया जाता है। यथा :

1. कुछ गुड़ ढीला, कुछ बनिया।
2. सिर की टली जान पर आई।
3. हाथी निकल गया, पूँछ बाक़ी रह गई।

प्रत्येक वय के पाठक हमारे इस लघु प्रयास से लाभान्वित हो जाएँ तो हमारा अत्यन्त सौभाग्य होगा।

ब्रज मोहन

हिन्दी-अंग्रेज़ी
कहावत
कोश

अ

अंडा सेवे कोई, बच्चा लेवे कोई।	One heats the bush, another catches the bird.
अन्त भले का भला।	All is well that ends well.
अन्धड़ से पहले की उमस।	A lull before the storm.
अन्धा बाँटे रेवड़ी, फिर-फिर अपने ही को दे।	A mother's bowels yearns.
अन्धी पीसे, कुत्ता खाए।	A fool's earnings are destroyed by his waylaid offspring.
अन्धे आगे रोना, अपने नयन खोना।	Expecting piety from a cruel man is a curse.
अन्धे को अँधेरे में दूर की सूझी।	sometimes fools talk sensible.
अन्धों में काना राजा।	A figure among cypher.
अन्धेर नगरी चौपट राजा; टके सेर भाजी, टके सेर खाजा।	A confused ruler, a Chaotic state.
अकल बड़ी या भैंस।	(i) An ounce of sense is worth a pound of wit. (ii) Knowledge is more powerful.
अकेला चना भाड़ नहीं फोड़ सकता।	(i) One swallow does not make a summer. (ii) One soldier cannot win a battle.
अकेली कहानी, गुड़ से मीठी।	One story is good till another is told.
अच्छा बोओ, अच्छा काटो।	Sow well, reap well.
अटकल पच्चू, डेढ़ सेर।	All guess and no certainty.
अटका बनिया, देत उधार।	A man in trouble, has to grease the palm.
अधजल गगरी छलकत जाए।	(i) Empty vessels make much noise. (ii) Know little, show much.
अधिक मुँह खोलने से मक्खियाँ पड़ती हैं।	Have content, do not repent.

अनहोत से थोड़ा ही बहुत।	Something is better than nothing.
अनाड़ी का घोटना, सालन का नुकसान।	A bad workman quarrels with his tools.
अनाड़ी का सौदा, बारह बाँट।	A fool of business, makes a miss.
अपना कान देखे बिना, कौए के पीछे दौड़ना।	(i) To have a thing in one's pocket, yet to look around for it. (ii) The butcher looked for a knife, when that was in his mouth.
अपना तमाचा, अपने मुँह पर पड़ना।	(i) As you do, you must rue. (ii) As you sow, so shall you reap.
अपना तोशा, बड़ा भरोसा।	Everyone must stand on one's own legs.
अपना पैसा खोटा, तो परखनेवाले का क्या दोष?	No blame to others, when caught redhanded.
अपना मकान, कोट समान।	Every man's house is his castle.
अपना हाथ, जगन्नाथ।	Supplies for self, trust yourself.
अपने-अपने घर के सब राजा।	The mouse is the mistress of her hole.
अपने पैर आप कुल्हाड़ी मारना।	Kicking against the pricks.
अपने मुँह मियाँ मिट्ठू।	Self praise is no recommendation.
अब पछताए होत क्या, जब चिड़ियाँ चुग गईं खेत।	(i) It is too late to spare, when the bottom is bare. (ii) No use of crying over spilt milk.
अमीर का अगवाल, ग़रीब का उधार।	The rich man's spew, the poor man's meal.
अमीर के साले भी सब बन जाते हैं।	Everyone is a kin to a rich man.

अव्वल शेर, बाद में गीदड़।	He rose like a rocket and fell like a stick.
अशरफ़ियों की लूट, कोयलों पर मोहर।	Penny wise, pound foolish.
असल असल ही है, नकल नकल ही।	The imitation can never come up to the real.
असल से ख़ता नहीं, कम असल से वफ़ा नहीं।	Gentility has no flaw, the base-born no fidelity.
अहमद की पगड़ी, मुहम्मद के सिर।	Robbing Peter to pay Paul.

आ

आँख का अन्धा, नाम नयन सुख।	To name a deuce as Plato.
आँख की बदी, भौं के आगे।	To narrate somebody's vice only to his intimate ones.
आँख के अन्धे, गाँठ के पूरे।	Blind folded matter has some essence.
आँख फूटी, पीर गई।	(i) The eye lost, the pain gone; (ii) Better the eye out than suffer persistent pains.
आँख बची, माल यारों का।	Your eyes withdrawn, your property gone.
आँख से दूर, दिल से दूर।	Out of sight, out of mind.
आँखों पर चरबी छा गई।	He cannot see for smoke.
आ बैल मुझे मार।	Call for intentional death.
आक़िल को इशारा, बेवक़ूफ़ को दुतकारा।	A nod for a wise, a rod for a fool.
आग फूल का बैर।	Innate mutual hostility.
आगे दौड़, पीछे छोड़।	Fast run, fast lose.
आगे नाथ, न पीछे पगहा।	(i) Without godfather, without follower. (ii) Without benefactor, without beneficiary.
आज का काम, कल पर मत छोड़ो (टालो)।	Don't put off till tomorrow, what can be done today.

आज मरे, कल दूसरा दिन।	(i) Dead today, tomorrow is but another day. (ii) Unpleasant memories do not last very long.
आदमी आदमी अन्तर, कोई हीरा कोई कंकड़।	There are men and men, as every stone is not a gem.
आदमी का काम प्यारा है, चाम प्यारा नहीं।	Handsome is that handsome does.
आदमी का भाग्य, औरत की कोख, ब्रह्मा ही जाने।	Destiny of a man and woman is in the hands of creator.
आदमी की पहचान, उसका दीन ईमान।	Man is known by the company he keeps.
आधा तीतर आधा बटेर।	Half boiled, half spoilt.
आधी छोड़ सारी को धावे, ऐसा डूबे पार न पावे। **अथवा** आधी छोड़ पूरी को धावे, पूरी मिले न आधी पावे।	(i) All covet, all loss. (ii) He who grasps all, looses all.
आप की दाल यहाँ नहीं गलेगी।	Your schemes won't take here.
आप भले, जग भला। **अथवा** आप भले तो जग भला।	(i) Good mind, good find. (ii) Safe bind, safe find.
आप मरे जग परलों (प्रलय)। **या** आपत्तिकाले मर्यादा नास्ति।	(i) Sailor of a sinking ship becomes heartless. (ii) Necessity needs no law.
आम के आम, गुठलियों के दाम!	(i) Eaten mangoes, sold the seed. (ii) Earth's joys and heaven's combined. (iii) All gains, no losses.
आम खाने से मतलब रखो, पेड़ गिनने से नहीं।	Bother about the result, not the means.
आमिल बे अमल न बनो।	(i) Practise what you preach. (ii) Practice is better than precept.

आया चोर पहाड़ के नीचे।	A rogue caught in his own net.
आवाँ का आवाँ ही ख़राब है। **अथवा** आवाँ ही ऊत गया है।	The entire lot is disgusting.
आवश्यकता आविष्कार की जननी है।	Necessity is the mother of invention.
आसमान का थूका मुँह पर आता है।	Puff not against the wind.
आसमान से गिरा, खजूर में अटका।	From the frying pan into the fire.
आहार-व्यवहार में लज्जा क्या?	(i) Fair exchange is no robbery. (ii) Eat to your heart's content so as not to repent.
आहिस्ता सोचिए, पर जल्दी कीजिए काम।	Delibrate slowly, execute promptly.

इ

इधर कुआँ, उधर खाई।	(i) Between the devil and the deep sea. (ii) Between the frying pan and the fire. (iii) Between the lion and the tiger. (iv) Between two fires.
इन तिलों में तेल नहीं है।	This will yield nothing worthwhile.
इनायत किसी पर, मुरव्वत सभी पर।	Obliging to some, affable to all.
इल्म सीखना ख़ाला जी का घर नहीं।	(i) Rome was not built in a day. (ii) There is no royal road to learning.

इस हाथ दे, उस हाथ ले।	(i) Bestow thou and bestowed thou shalt be. (ii) Bequeath with one, claim with other. (iii) Early sow, early mow. (iv) Good begets good. (v) One good turn deserves another. (vi) Tit for tat.
इस दम का क्या भरोसा, आया कि न आया।	Life is too short to waste.

ई

ईंट की लेनी, पत्थर की देनी।	(i) Blows will answer blows. (ii) Tit for tat.
ईद पीछे टर।	A day after the fair.
ईमानदारी बड़ी चीज़ है।	Honesty is the best policy.

उ

उँगली पकड़कर, पहुँचा (कलाई) पकड़ना।	(i) A greedy has an open mouth. (ii) Piety breeds exploitaion.
उठी पैंठ आठवें दिन लगती है।	(i) Golden chances are but rare. (ii) One gets an opportunity only once in a while.
उतर गई लोई, तो क्या करेगा कोई।	(i) A disgraced cannot be disgraced. (ii) The shameless dread no society.
उतरा घाटी, हुआ माटी।	Down the threat, turned to clay.
उतरा शहना, मर्दक नाम।	If a man once falls, all will tread on him.

उत्तर हो या दक्खिन, वही करम के लच्छन।	Go north, go south, your fate will follow.
उल्टा चोर, कोतवाल को डाँटे।	Wrong doer blames the others.
उल्टे बाँस, बरेली को।	Carrying coals to New castle.
उल्टी बाड़ खेत को खाए।	A saviour turned a destructor.
उसके अभी तो दूध के दाँत भी नहीं टूटे।	He is as ignorant as a babe.
उसके कानों पर जूँ नहीं रेंगती।	(i) He has turned a deaf ear. (ii) He pays no attention at all.
उसके घर देर है अन्धेर नहीं।	Although belated, noble deeds never go futile.
उस्तादी हाथ बचा रखना चाहिए।	Reserve the master blow.

ऊ

ऊँची दुकान, फीका पकवान।	(i) Great cry, no wool. (ii) Much root, little fruit.
ऊँचे बोल का सिर नीचा। **अथवा** बड़े बोल का सिर नीचा।	Pride will have a fall.
ऊँट की चोरी और झुके-झुके।	To try to conceal the conspicuous.
ऊँट की दाढ़ी में ज़ीरा। **अथवा** ऊँट के मुँह में ज़ीरा।	A pinch of grain to a famished creature.
ऊँट चढ़े, कुत्ता काटे।	Misfortune has long arms for the unfortunate.
ऊँट जब भागे तब पच्छिम की तरफ़।	Home has the first place in the mind.
ऊँट मक्का को ही भागता है।	(i) Water finds its own level. (ii) Water seeks the lowest level.
ऊधो के लेन में, न माधो के देन में।	Neither friend, nor foe, happier and go.

ए

एक अंडा, सो वह भी गन्दा।	But one egg and that addled.
एक अकेला, दो ग्यारह।	(i) Two and two make four. (ii) Union is strength.
एक अनार, सौ बीमार।	A thousand applicants for one appointment.
एक काम, दो काज।	To kill two birds with one stone.
एक की दवा दो, और दो की चार।	If one man is too strong, two are match for him.
एक चुप, सौ सुख। **अथवा** एक चुप, सौ को हरावे।	Silence is gold.
एक तवे की रोटी, क्या मोटी क्या छोटी?	(i) Members of the same family enjoy equal status. (ii) Those cast in the same mould are almost equal.
एक तीर से दो शिकार।	To kill two birds with one stone.
एक तो करेला, दूसरे नीम चढ़ा।	(i) A bad man turned worse in a bad company. (ii) Venomous always spits poison.
एक दिन सब को मरना है।	All must die one day.
एक नज़र, सौ नसीहत।	A lone example is better than a hundred precepts.
एक नादारी, सौ ख़्वारी।	Property breeds strife.
एक ने कही, दूजे ने मानी, कहलाएँ सर्वज्ञानी।	Following one another's advice is a big boon.
एक परहेज़, न सौ हक़ीम।	Diet curves more than doctors.
एक पाई के खिस्त से अशरफ़ी का नुक़सान हो जाता है।	(i) For want of a nail the war was lost. (ii) For want of nail the wheel comes off.

एक बार गधी पर भी रूप आता है।	Fortune knocks once at least at every one's gate.
एक बोली तीन काम।	Easier said than done.
एक मछली सारे जल को गन्दा कर देती है।	(i) A little leaven beneath the whole hump.
अथवा	
एक मछली सारे तालाब को गन्दा कर देती है।	(ii) One fish infects the entire pond.
एक म्यान में दो तलवारें नहीं समा सकतीं।	One scabbard cann't hold two swords.
एक हाथ से ताली नहीं बजती।	It takes two to pick up a quarrel.
एक ही थैली के चट्टे-बट्टे।	(i) Birds of the same feather flock together. (ii) Cast in the same mould. (iii) Chips of the same block.
एकता में बल है।	(i) Two and two make four. (ii) Union is strength.

ऐ

ऐब करने को भी हुनर चाहिए।	It needs skill, even to do wrong.
ऐसे-ऐसे बीसों मेरी जेब में भरे हैं।	Such are innumerous at my finger's ends.

ओ

ओछे के सिर खाना, जन्म-जन्म का ताना।	Dine with mean, life long taunts keen.
ओस के चाटे से प्यास नहीं बुझती।	Dew-drops can scarcely quench one's thirst.

औ

औरों को नसीहत, आप को फ़जीहत।	In you a vice, for others advice.

क

कँगाली में आटा गीला।	Misfortunes never come alone.
कच्चे धागे पर रंग चढ़ सकता है।	A child can be trained.
कट जाती है राहत की घड़ी एक पहर में।	Pleasant hours fly fast.
कथनी से करनी भली।	It is better to do than preach.
कपटी की प्रीत, मरन की रीत।	Be friends with a knave, go to your grave.
कपूत के सपूत, काली माँ के गोरे बच्चे।	A Black hen lays a white egg.
कभी के दिन बड़े, कभी की रातें।	Steps are not always equal.
कभी रन में, कभी बन में।	Blowing both hot and cold.
कभी हिजड़े के भी बेटा हुआ है।	Is unworthy ever raised to power.
कम खाना, ग़म खाना।	Eat sparingly, sacrifice happily.
कमबख़्त जमा करें, खुशनसीब उडाएँ।	Fools give feasts and wisemen eat them.
कमीनों की सोहबत में कमीनापन ही आता है।	He that lies with dogs, must rise with pleas.
क्या पिद्दी, क्या पिद्दी का शोरबा?	Of no consequence whatever, too tiny to be reckoned.
क्या मुर्दे भी क़ब्र से उठते हैं।	(i) Can the dry, bones live? (ii) Can ox be milked?
कर तो डर, न कर तो खुदा के ख़ौफ़ से डर।	Be always in fear.
कर भला, होगा भला।	Do good find good.
कर सेवा, खा मेवा।	Noble deeds are always rewarded.
करत-करत अभ्यास के, जड़मति होत सुजान।	Practice makes a man perfect.

अथवा करता उस्ताद, न करता शार्गिद।	
करनी न करतूत, मारने मरने को मज़बूत।	Nor act, nor deed, but ready to fight.
करेला और नीम चढ़ा।	(i) A bad man turned worse in a bad company. (ii) Venomous always spits poison.
कल करना सो आज कर; आज करना सो अब; पल में प्रलय होएगी, फिर करेगा कब? अथवा कल नाम काल का।	(i) Hasty implementation is an easy success. (ii) Hasty planner is surely a winner.
कहीं का ईंट, कहीं का रोड़ा; भानुमती ने कुनबा जोड़ा।	(i) Creation of a whole with hetrogeneous parts. (ii) Queer combination of hetrogeneous elements.
कहीं बुड्ढे तोते भी पढ़ते हैं?	Can you teach an old woman to dance?
कहें खेत की, सुनें खलिहान की।	To talk of Chalk and to hear of Cheese.
काटो तो ख़ून नहीं।	(i) To be stupefied. (ii) To be paralysed by sudden fear or apprehension.
काठ की हंडिया, दुबारा नहीं चढ़ती। अथवा काठ की हाँडी बार-बार नहीं चढ़ती।	(i) I am not to be sold twice. (ii) It is a silly fish that is caught with the same bait.
कानी के ब्याह में सौ-सौ जो जों।	There is many a slip between the cup and lip.
काम का न काज का, दुश्मन अनाज का।	For work no use at all, on food a foe to all.
काम के वक़्त कुतिया हगासी।	When to work, then always shirk.
काम को काम सिखाता है।	(i) It is work that makes a workman.

	(ii) Practice maketh perfect. (iii) Practice makes a man perfect.
काम प्यारा होता है, चाम नहीं।	Handsome is that handsome does.
काम ही पूजा है।	Work is worship.
काला अक्षर भैंस बराबर।	Not only an illiterate. but also a damnfool.
क़ानून अन्धा होता है।	(i) The Godess of Justice is blind. (ii) There is no favour or foul in law.
काली माँ के गोरे बच्चे।	A black hen lays white eggs.
काले कम्बल पर कोई रंग नहीं चढ़ता।	Bad habits never change.
काले के आगे चिराग़ नहीं जलता।	Nothing sustains in an encounter with the devil.
किसी का रंज, किसी की हँसी।	One man's meat is another man's poison.
कुँजड़ी अपने बेरों को खट्टा नहीं कहती।	Every potter praises his own pot.
कुआँ खोदनेवाले के लिए खाई तैयार।	Evil deeds recoil against the doer.
कुएँ का गवाह मेंढक।	Partners hide one another's secrets.
कुएँ में भाँग पड़ गई।	The entire lot have gone off their heads.
कुछ गुड़ ढीला, कुछ बनिया।	To have some deficiency at either end.
कुछ दाल में काला है।	I smell a rat.
कुछ सोना खोटा, कुछ सुनार।	To have some deficiency at either end.
कुत्ते का कुत्ता बैरी।	Diamond cuts diamond.
कुत्ते का गू; न लीपने का न पोतने का।	It is an ill wind that blows nobody good.

कुत्ते की दुम टेढ़ी की टेढ़ी। **अथवा** कुत्ते की दुम बारह वर्ष नल में रही, फिर भी टेढ़ी की टेढ़ी।	(i) A leopard never changes its stripes. (ii) Curst cows have short horns.
कुत्ते के भौंकने से हाथी नहीं डरता। **अथवा** कुत्ते भौंकते रहते हैं, हाथी अपनी मस्त चाल चलता रहता है।	(i) Dare devil are never afraid of coward's threats. (ii) The dog barks, while the elephant passes by.
कुदरत के रंग न्यारे।	(i) Destiny is never predictable. (ii) Nature has its own course.
कूड़े के भी दिन फिरते हैं।	Every dog has his day.
कोई मरे कोई जिए; सुथरा घोल बताशे पीए।	Have no friends or foe; Be happier and go.
कोढ़ी मरे, संगाती चाहे।	A drowning man seeks a companion.
कोयल होए न ऊजरी, चाहे नौ मन साबुन ले।	Can the Ethiopian change his skin.
कोयले की दलाली में हाथ काले। **अथवा** कोयलों की दलाली में मुँह काला।	(i) Evil association must leave its impress. (ii) Misdeeds are always haunted by disgrace.
कोल्हू की माँ, धार तेल की।	(i) Owner of big estate, injudicious attitude. (ii) Undue gift to one and partisan attitude towards others.
कौआ चला हंस की चाल, अपनी भी भूल गया।	(i) Great enterprise always poor. (ii) Imitators are many a time deceived by themselves.
कौआ धोने से बगुला नहीं बनता। **अथवा** कौवा होवे न सफ़ेद, चाहे धोवे लाख बार।	Once sinned, never be virtuous.

कौवे को कौवे का बोल पसन्द।	Daws love one another's prattle.
क़ज़ा के आगे हकीम अन्धा।	Death defies the doctor.
क़द्र खो देता है, रोज़-रोज़ का आना-जाना।	Familiarity breeds contempt.
क़ाज़ी जी दुबले क्यों? शहर के अन्देशे से।	To be worried about affairs that are not one's concern.

ख

खरी मज़ूरी चोखा काम।	(i) Good material, good work. (ii) Good servant, good wages. (iii) Quick at meat, Quick at work.
खाए नाने का, कहलाए दादे का।	One does the work, other gets the name.
खिसियानी बिल्ली, खम्भा नोचे।	A thrashed army resorts to rampage.
खेवाई भी देना और बह भी जाना।	To foot the bill and get nil.
खोदा पहाड़, निकला चूहा।	(i) Credited lot, debit zero. (ii) Labour wasted, nothing gained.
ख़ता किसी की, ख़्वार कोई।	Innocent is usually victimised.
ख़रबूज़े को देखकर ख़रबूज़ा रंग (पकड़ता) बदलता है।	(i) Association inevitably breeds affinity. (ii) Boys make boys.
ख़राब ख़स्ता, अनाज सस्ता।	Spoilt gram, cheap gram.
ख़राब न करो, जो फिर माँगो।	Waste not, want not.
ख़ाक डालने से चाँद नहीं छिपता।	Solid worth is not sullied by slander.
ख़ाली बातों से पेट नहीं भरता।	(i) Bare words buy no barley. (ii) Sweets words butter no parsnips.
ख़ाली से बेगार भली।	(i) Better forced labour than nothing.

	(ii) Rather be pressed than idle.
खेत का न खलिहान का, बेटा बेईमान का।	(i) A dishonest person has to face difficulty to earn wages. (ii) A dishonest person has to face social boycott.
ख़ुदा गँजे को नाख़ून नहीं देता।	Those who would destroy, find themselves disarmed.
ख़ुदा लिखे, गूसा पढ़े।	Illegible hand is discarnate and thus discarded.
ख़ून सिर पर चढ़कर बोलता है।	Murderous hands must one day be exposed.
खोटा चना, बाजे घना।	(i) Empty vessel makes much noise. (ii) The worst wheel of the cart makes the most noise.
खोटा सिक्का भी कभी काम आ जाता है।	(i) Bad friend sometimes proves helpful. (ii) Rotten eggs sometimes prove useful.
ख़ौफ़ मर्ग से मर जाना बेहतर।	Better face a danger than always in fear.
ख़याली गुलाब पकाना।	To make castles in the sky/Air.

ग

गंगा गए गंगा दास, जमुना गए जमुना दास।	(i) A habitual and condemned turn coat. (ii) In Rome a Roman and an Ethiopian in Ethiopia.
गए थे, नमाज़ बख़्शवाने, रोज़े गले पड़ गए।	Reward delayed, punishment inflicted.
गधा पीटने से घोड़ा नहीं होता।	The Ethiopian never changes his skin.

गधा मरे कुम्हार का और धोबी सत्ती होम।	Calamity this one avails, another weeps and wails.
गधे को अंगूरीबाग़।	Honey is not for donkey's mouth.
गधे को खिलाए, न पाप न पुण्य।	Kindness is lost upon an ungrateful man.
गधों को अंगूरी बाग़।	A donkey among perfumes.
गधों को ख़ुश्क और गुलकूद।	Casting pearls before swine.
गन्ना न दे, भेली दे।	Penny-wise, pound foolish.
गया वक़्त फिर हाथ नहीं आता।	(i) Lost time is never found again. (ii) Nothing can bring back the past.
गागर में सागर।	The infinity in finite.
गाय को अपने सींग भारी नहीं।	Seek a needle in a hay-stack.
गिरते हैं शहसवार ही मैदाने-जंग में।	Good swimmers are often drowned.
गुम्बद ही सदा; जैसी कहो वैसी सुनो।	Kind words bring back bind echoes.
गुड़ खाएँ, गुलगुलों से परहेज़।	(i) Sugar he eats, sweet cakes he shuns. (ii) To swallow a camel and strain at a gnat.
गुड़ खाए, सो कान बँधाए।	Enchanted by sweet words is always duped.
गुड़ न दे, गुड़ की-सी बात तो कह दे।	(i) A good word costs nothing. (ii) If sweets you cannot give, sweet your advice might be.
गुड़ से मरे तो ज़हर क्यों दे?	Why administer quinine when sweet stuff serves the purpose.
गुदगुदाए वहाँ तक, जहाँ तक हँसी आवे।	A bitter jest is the poison of friendship.
गूदड़ में गिंदौड़ा।	A jewel in rags.

गूदड़ी का लाल।	A jewel in rags.
गेहूँ के बार में राई की तलाश।	Seek a needle in a hay-stack.
गेहूँ के साथ घुन भी पिस जाता है।	When bulls fight, crops suffer.
गोदी में बैठकर दाढ़ी नौचना।	(i) He eats off the hand that feeds him. (ii) Thankless to the benefactor.
ग़रज़ बावली होती है।	A self-seeker has no moral code.
ग़रज़ू यार किसके? दम लगाई खिसके।	(i) Counsels in wine seldom prosper. (ii) The dinner over, away go the guests. (iii) The selfish serves only his own ends.
ग़रीब की जोरू, सब की भाभी।	(i) A light purse is a heavy curse. (ii) The weakest goes to the wall.
ग़रीबी में आटा गीला।	(i) Adversities never come alone. (ii) Yet another misery for an already miserable man.
ग़लती का पुतला इन्सान, माफ़ करे भगवान।	To err is human, to forgive divine.

घ

घमंड का सिर नीचा।	Vanity has a big downfall.
घर का जोगी जोगिया, आन गाँव का सिद्ध।	A prophet is honoured, but not in his own country.
घर का भेदी, लंका ढावे।	(i) A small leak will sink a great ship. (ii) Traitors are the worst enemies. (iii) Your conscious-keeper is

	your worst enemy.
घर की आधी भली, बाहर सारी नाहिं।	Dry bread at home is more welcome than sweetmeat elsewhere.
घर की मुर्गी, दाल बराबर।	Own preparation is always cheap.
घर के भाग्य दरवाज़े से नज़र आ जाते हैं।	Charity begins at home.
घर खीर तो बाहर भी खीर।	A good purse is a good supper out.
घर में नहीं दाने, अम्माँ चली भुनाने।	(i) Nor even bran in the house, and the son wants lollypop. (ii) What a pauper will exhibit?
घर में स्याना, बाहर दीवाना।	Argues at home, but mole abroad.
घी कहाँ गया, खिचड़ी में।	It is never lost that a friend gets.
घूरे के भी दिन फिरते हैं। अथवा घूरे के भी भाग जागते हैं।	Every dog has his day.
घूरे को पलटकर हीरा खोजना।	Aimless efforts, nil reward.
घूँसों का क्या उधार?	Have the right dealings where you must.
घोड़े का खुर, आदमी का सुर।	A tamed horse is recognized by his feet and a known person by his voice.
घोड़े की दुम बढ़ेगी तो अपनी ही मक्खियाँ उड़ाएगा।	Self-advance, self-promotion.

च

चन्द दिन के मेहमान हैं।	The sand of his life is runout.
चट मँगनी, पट ब्याह।	To propose this moment and marry the very next.

चढ़ता सूरज पाए सलाम; गिरता तारा होए गुमनाम।	Everbody salutes the rising sun; falling star is forgotten at last.
चमड़ी जाए, दमड़ी न जाए।	(i) One may buy gold too dear. (ii) To suffer a playing, to save a penny.
चलती का नाम गाड़ी, रुकी तो ठेला।	Power-wielded respect, no doubt momentary.
चलते बैल को आड़ मत लगाओ।	Spur not a free horse to death.
चलो, मुझे तुम्हारी खीर खानी थोड़े ही है।	Come, let me have none of your sauce.
चाम का सिक्का चलाना। **अथवा** चाम के दाम चलाना।	To rule like a despot.
चार दिन की चाँदनी, फिर अँधेरी रात।	A fleeting existence, a nine day's wonder.
चाह गई, चिन्ता मिटी।	Contented mind keeps peaceful heart.
चाहो वही, जिसके योग्य हो।	First deserve, then desire.
चिड़िया की जान जाए, लड़कों का खेल।	Death to one, mirth for the world.
चित भी अपना, पट भी अपना।	(i) Little investment bigger earnings. (ii) No loss, all gains.
चिराग़ गुल, पगड़ी ग़ायब।	Shut the eyes, your belongings are gone.
चिराग़ तले अँधेरा।	Nearer the Church, farther from God.
चिराग़ से चिराग़ जलता है।	One lamp kindles other.
चुपड़ी हुई और दो-दो।	Always joy, ever merry.
चूल्हे से निकले, भट्ठी में गिरे।	From the frying pan into the fire.
चूहे बिल्ली का शिकार होते ही हैं।	Subjects are the prey of kings.
चेहरा मन की बात कह देता है।	Face is the index of mind.

चोटी का पसीना एड़ी तक आना।	To pay a deal through the nose.
चोर का साथी गिरहकट।	A thief will have another for company.
चोर की दाढ़ी में तिनका।	Wrong doer himself dreads always.
चोर के घर में मोर (घघोर)।	A miracle in stealing the show.
चोर-चोर मौसेरे भाई।	(i) Birds of same feather flock together. (ii) Chips of the same block.
चोरी का गुड़ मीठा।	(i) Forbidden fruit is sweet. (ii) Stolen kisses are the sweetest.
चोरी का माल कौड़ियों के दाम। अथवा चोरी का माल गज़ों के भाव।	(i) Stolen things are sold cheap. (ii) Wrong earnings are spent lavishly.
चोरी का माल लेनेवाला भी चोर।	(i) Abetment of a crime is as bad as its commission. (ii) The receiver is as bad as a thief.
चोर-चोरी से जाए, हेरा-फेरी से न जाए।	(i) A snake must still hiss, even if he does not bite. (ii) Wolves may lose their teeth, but not their nature.
चोली दामन का साथ।	A perpetual association, an everlasting bond.

छ

छछून्दर के सिर में चमेली का तेल।	A dirty ass hanker scented bath.
छाज बोले तो बोले; चलनी भी बोले, जिसमें बहत्तर छेद।	(i) Proud words from a weak stomach. (ii) The pot called the kettle black.

छाती का घाव, रानी जाने या राव।	Domestic sores, wife knows or husband.
छोटा मुँह, बड़ी बात।	A small mouth, big words.
छोटे से बड़े होते हैं।	Lads will be men.

ज

जंगल में मोती की क़दर क्या? **अथवा** जंगल में मोर नाचा, किसने देखा।	A pearl is of no value in the forest.
जन्म का अन्धा, नाम नैन सुख।	Blind from the birth and name Mr. Widewake.
जब अपनी उतरी, तो दूसरे की उतारते क्या देर?	Beware of him, who regards not his reputation.
जब अपने पास हो पैसा, तो पराया भरोसा कैसा?	With money to your cheek, no help you need to seek.
जब उतर गई लोई, तो क्या करेगा कोई।	(i) A disgraced cannot be disgraced. (ii) The shameless dread no society.
जब ओखली में सिर दिया, तो मूसलों से क्या डर?	(i) Having put your head in mortar, why fear the pestle? (ii) Over shoes, over boots.
जब गीदड़ की मौत आती है, तो वह शहर की ओर भागता है।	A jackal runs to the city, when death calls him.
जब तक ऊँट पहाड़ के नीचे नहीं आता, बिलबिलाता रहता है।	Bachelor's wife and maiden's children are well-trained.
जब तक जीना, तब तक सीना।	While we live, we must work.
जब तक ज़हरमुहरा आएगा, साँप का काटा मर जाएगा।	The steed will die till the grass grows.
जब तक साँस, तब तक आस।	(i) Don't despair till life is there. (ii) While there is life, there is hope.

जब दादा मरेंगे, तब बैल बँटेंगे।	(i) If the sky falls, we shall catch larks. (ii) Why wait for a dead man's shoes?
जमा ख़र्च बराबर।	(i) Hand to mouth. (ii) Helplees to make both ends meet.
जल्दी का काम शैतान का।	(i) Haste makes waste. (ii) Soonest done, worst is done.
जहाँ गड्ढा होगा, वहीं पानी भरेगा।	(i) No smoke without fire. (ii) One who has the battle, has the kettle.
जहाँ गुड़ होगा, वहीं मक्खियाँ भिनकेंगी।	Where tracle is flies will buzz.
जहाँ चाह, वहाँ राह।	Where there is a will, there is a way.
जहाँ दूल्हा, वहीं बारात।	Where is the judge, there is the court.
जहाँ सुमति, तहाँ सम्पत्ति नाना,	United we stand, divided we fall.
जहाँ कुमति, तहाँ भीख निदाना।	As riches grow, frugality doth show.
ज्यों-ज्यों मुरगी मोटी हो, त्यों-त्यों दुम सुकड़ी हो।	(i) A good name is better than wealth.
जाए लाख, बचे साख। अथवा जाए लाख, रहे साख।	(ii) Credit is better than ill-won gear.
जाको राखे साइयाँ, मार सके न कोए।	God is the saviour of good persons.
जादू वह जो सिर पर चढ़ कर बोले।	(i) A spell must somehow procure a tangible expression. (ii) Means that achieve the end are the best means.
जान बची, तो लाखों पाए।	Security of life is the great test

अथवा	achievement.
लौट के बुद्धू घर को आए।	
जान है तो जहान है।	(i) No life, no pleasure. (ii) The world lives as long as you live.
जितना गुड़ डालोगे उतना ही मीठा होगा।	Fair feathers make fair fowls.
जितना छानो, उतना ही किरकिरा।	The closure you examine, the more faults you find.
जितना छोटा, उतना ही खोटा।	(i) As false, as he is small. (ii) As wicked, as he is small.
जितनी चादर देखो, उतने ही पैर (पसारो) फैलाओ।	(i) Cut your coat, according to your cloth. (ii) Let your purse be your master.
जितने मुँह, उतनी बातें।	Many men, many words.
जिन खोजाँ, तिन पायाँ; गहरे पानी पैठ।	(i) Hard work always pays. (ii) One can achieve his end by sheer hard labour.
जिसका काम उसी को सोहे। **अथवा** जिसका काम उसी को साजे; और करे तो ठन-ठन बाजे।	(i) A trained mason is competent to do his job; a novice is an utter failure. (ii) His failure is greeted with blisses.
जिसका खाए नोन-पानी; उसकी चाहे अबादानी।	Bless him, whose food you eat.
जिसकी तरफ़ रब, उसकी तरफ़ सब।	God on your side, the world on your side.
जिसकी बन्दरिया, वही नचावे।	Let the cobbler stick to his last.
जिसकी लाठी, उसकी भैंस।	(i) Might is right. (ii) Only the fittest survive.
जिसके घर में दाने, उसके बावले भी सयाने।	Riches scare away one's follies.
जिसके पैर न फटी बिवाई। वह क्या	(i) He knows, who feels.

जाने पीर पराई? अथवा जिस तन लागे, सोई जाने।	(ii) Only the wearer knows best, where the shoe pinches.
जिसको दुनिया कहे भला वही अच्छा।	Common fame is seldom to blame.
जिसको राखे साइयाँ, मार सके न कोए।	(i) God is the protector of every shelterless. (ii) God is the great saviour.
जिस डाली पर बैठना, उसी को काटना।	(i) He eats off the hand that feeds him. (ii) Thankless to the benefactor.
जिसने की शर्म, उसके फूटे कर्म।	Bashfulness is an enemy to prosperity.
जिसने जीता आपको रुस्तम है जहाँ में।	The greatest conquerer is he, who conquers himself.
जिस पत्तल में खाना, उसी में छेद करना।	(i) To blow off the roof that provides shelter. (ii) To cut off the hand that feeds. (iii) To be foolishly ungrateful.
जिस पर पड़ती है, वही जानता है।	Only the wearer knows best, where the shoe pinches.
जिस शाखा पर बैठे, उसी को काटे।	It is foul bird that defiles its own nest.
जिससे नहीं चारा, वह जाएगा सहारा।	What can be cured, must be endured.
जिस हाँडी में खाए, उसी में छेद करे।	Do not tumble down the stair, you get up by.
जी कहो, जी कहलाओ।	Respect begets respect.
जीते जी का मेला है।	While life lasts, the world fair lasts.
जुम्मा-जुम्मा आठ दिन।	(i) A very limited span of life. (ii) Only a few days.
जैसा एक झूठ, वैसे सौ।	One lie makes many.

जैसा कमाया, वैसा उड़ाया।	Ill got, ill spent.
जैसा देस, वैसा भेस।	Do as Romans do in Rome.
जैसा बोओगे, वैसा काटोगे।	As you sow, so shall you reap.
जैसा मुँह, वैसी चपेड़।	Like lip, like lettuce.
जैसी करनी, वैसी भरनी।	As you do, you must rue.
जैसी जिसकी मत, वैसी उसकी गत।	Evil be to him, who evil thinks.
जैसी रूह, वैसे फ़रिश्ते।	(i) As diety, so are the worshippers. (ii) Dirty troughs will serve dirty sows.
जैसी संगत, वैसी रंगत।	A man is known by the company he keeps.
जैसे को तैसा।	(i) Measure for measure. (ii) The bitter bit. (iii) Tit for tat.
जो अपनी इज़्ज़त से न डरे, उससे तू डर।	Beware of him, who regards not his rcputation.
जो किसी के लिए खोदे कुआँ, वह आप ही डूब-डूब मरा।	Evil deeds recoil against the doer.
जो कुछ करना है कर लो, वरना पीछे मलोगे हाथ।	Make hay, while the sun shines.
जो कुछ बचा, सो ही कमाया।	A penny saved is a penny gained.
जो गरजते हैं, बरसते नहीं।	Barking dogs seldom bite.
जोग आसान, गृहस्थ कठिन।	Easy a holy friar to be, hard household and husbandry.
जो सुख छज्जू के चौबारे, वो बल्ख़ न बुखारे।	Own hut is more cosy than a royal palace of Rome.
जोगी-जोगी लड़ मरे, खपरों का नुक़सान।	When buffaloes fight, the plantation is ruined.
जो दम गुज़रे ग़नीमत है।	Life is blessing enough.
जोत से जोत जलती है।	One lamp kindles other.
जोरू न जाता, अल्ला मियाँ से नाता।	No household, no worldly cures.

ज़बान को लगाम ज़रूरी है।	A bridle for the tongue is a necessary piece of furniture.
ज़बान तलवार से ज़्यादा तेज़ होती है।	The tongue cuts deeper than steel.
ज़बाने-ख़ल्क़ को नक़्कार-ए-ख़ुदा समझो।	The voice of people is the voice of God.
ज़र है तो नर है, नहीं पजाए का खर है।	If you've wealth, you are a man; if not a wingless bird.
ज़र्रा-ज़र्रा करके खज़ाना ख़ाली हो जाता है।	Drop by drop the lake is drained.
ज़र्रे से उठे, पहाड़ पर पहुँचे।	Started from a scratch and reached the top.
ज़रूरत ईज़ाद की माँ है।	Necessity is the mother of invention.
ज़हर को ज़हर मारता है।	Like cures like.
ज़ालिम का साँस, औरों का नास।	A tyrant's breath is another's death.

झ

झुक चले तो टूटे काहे।	Better to bow than break.
झूठे का भाई लपाड़।	A boaster and liar are cousins German.
झूठ का पैर कहाँ।	Lies have no base.
झूठे का मुँह काला।	A liar is damned to ultimate exposure.
झूठे पर ख़ुदा की लानत।	(i) Curse of Heaven upon the liar. (ii) The liar be damned.

ट

टक्कर खाकर अक़्ल आती है।	Get knocks, get sauce.
टाट पर मूँज की बख़िया।	A tag on a rag.
टाट में पाट की बख़िया।	A silk patch on a rag.

टाल-मटोल वक़्त के चोर।	Procrastination is a thief of time.
टिड्डियों के चाटे रूख भी नहीं।	The tree it licks, is worn to stick.

ड

डावाँडोल सदा का ख़्वार।	A rolling stone gathers no moss.
डूबते को तिनके का सहारा।	A Drowning man catches at a straw.
डोम का बेटा और गाने से डर।	A sailor, and afraid of the sea.

त

तन्दरुस्ती हज़ार नेमत है।	(i) Health is a big boon. (ii) Health is better than wealth.
तकल्लुफ़ में है तकलीफ़ सरासर।	Dainty maketh dearth.
तक़दीर का लिखा नहीं मिटता।	What is allotted cannot be blotted.
तजुरबा इल्म की कुंजी है।	Experience is the mother of science.
तड़के उठाना, बरकत का बाइस।	He would thrive, must rise at five.
तन को नहीं लत्ता, मिस्सी मले अलबत्ता।	Free from the cost and care of keeping a horse.
तबेले की बला, बन्दर के सिर।	Crime by one, victimization of the other.
तरकी पीटे, ताज़ी काँपे।	The punishment of one is warning to others.
तर्क लाचार, विश्वास पर्वतों पर सवार।	Faith moves mountains, while cold reason and logic just stand and stair in helplessness.

तारीफ़ वोह, जो पीठ पीछे हो।	Tall trees have long shadows.
ताली दोनों हाथ से बजती है।	Two negatives make one affirmative.
तावला सो बावला, धीरा सो गम्भीर।	Haste is paste, patience is wisdom.
तिनके की ओट पहाड़।	(i) A big secret hidden under an apparent trifle. (ii) A hill hidden behind a straw.
तिल की ओट पहाड़।	(i) A mountain hidden underneath a mole hill. (ii) A straw before the eye, a mountain hides.
तीन बुलाए, तेरह आए।	To open a Pandora box.
तीन में न तेरह में।	A person of no significance is not taken into account at all.
तुख़्म तासीर, सोहबत का असर।	(i) As the seed, so is tree. (ii) Society moulds men. (iii) The seed must have its effects and company must mould all men.
तुम किस खेत की मूली हो।	(i) Nobody care a fig for you. (ii) You are insignificant and irrelevant.
तुम डाल-डाल, हम पात-पात।	You are clever, I am the cleverest.
तुरन्त दान, महा कल्याण।	He doubles his gift, who gives in time.
तू भी रानी, मैं भी रानी, कौन भरे कुइयाँ का पानी।	You stout and I stout, who will carry the dirt out?
तूफ़ान से पहले की शान्ति।	A lull before the storm.
तेल देखो, तेल की धार देखो।	See which way the wind blows.

थ

थोड़ा खाना, सुखी रहना।	Eat sparingly, live happily.
थोड़ा खावे, छान में सोवे; ताके वैद्य पिछवाड़े रोवे।	Feed sparingly and defy the physician.
थोथा चना; बाजे घना।	(i) Empty vessel makes much noise. (ii) The worst wheel of the cart makes the most noise.

द

दमड़ी की हँडिया, टका सिर मुँडाई।	A penny for the bill and a pound for the tip.
दमड़ी की हाँडी तो गई, कुत्ते की जात पहचानी गई।	A turn coat is exposed, nothing is lost.
दम्मी यार किसके, दम लगाई खिसके।	(i) Counsels in wine seldom prosper. (ii) The dinner over, away go the guests. (iii) The selfish serves only his own ends.
दरिया को कूजे में बन्द करना।	Contribution to a large subject.
दाई से पेट नहीं छिपता।	No man is a hero to his vallet.
दाता के घर में मोतियों का अकाल।	A philanthropist never says no.
दाता दान करे, सूम का दिल जले।	A philanthropist donates, a miser envies.
दाता से सूम भला, जो तुरतै देव जवाब।	(i) A point-blank refusal is better than and uneasy suspense. (ii) He gives twice, who gives in a trice.
दाने दाने पर मोहर होती है। **अथवा**	Every product is God's gift : but every human being gets

दाने दाने पर लिखा है, खानेवाले का नाम।	his due at proper time.
दाम कराए काम।	Money makes the mare go.
दाल-भात में मसूर चन्द। **अथवा** दाल-भात में मूसल चन्द।	A wrong man in a wrong place.
दाल में कुछ काला है।	There is something wrong in the bottom.
दिल को दिल से राह है।	(i) Heart to heart, mirror to mirror. (ii) Love begets love.
दुःख उसरा, राम बिसरा।	Danger past, God is forgotten.
दुःख की सारी से, सुख की आधी भली।	A cake eaten in peace is worth two in trouble.
दुःख बिना, राज नहीं।	(i) No Cross. no crowns. (ii) No gains, without pains.
दुधारू गाय की लात खानी पड़ती है।	(i) To lick the feet of a boss is a must. (ii) To swallow humility from a benefactor.
दुःख से दुश्मनी, सुख से मुहब्बत।	Pain their aversion, pleasure their desire.
दुनिया ज़ाहिरपरस्त है।	Many regard death the outward appearance.
दुनिया देखी मक्कर से, रोटी खाई शक्कर से।	The world just cheat, your bread with sugar eat.
दुविधा में दोनों गए, माया मिली न राम।	(i) Between two stools one falls to the ground. (ii) To keep feet on two boats.
दूध का जला छाछ फूँक-फूँककर पीता है। **अथवा** दूध का जला मट्ठा फूँक-फूँक कर पींता है।	(i) A scolded cat dreads the cold water. (ii) Once bitten, twice shy.

दूध का दूध और पानी का पानी।	(i) Just from the unjust. (ii) Sifting to true from the false.
दूध का पानी और पानी का दूध।	(i) Unjust from the just. (ii) Sifting of false from the true.
दूधों नहाओ, पूतों फलो।	God bless you with milk and children.
दूसरों को नसीहत, ख़ुद मियाँ फ़ज़ीहत।	Advice to others, impudence for himself.
दे दाल में पानी, आटा और बहुतेरा।	To scare away an unwanted guest with a raw deal.
देखती आँखें मक्खी नहीं निगली जाती।	One cannot deeply associate with a bad character.
देखिए ऊँट किस करवट बैठता है।	Observe which way the wind blows.
देर में तैयारी, होती बड़ी ख़्वारी।	Late to prepare, sure to despair.
दो मुल्लाओं में मुरगी हराम।	(i) Too many cooks spoil the broth. (ii) Two dogs and one bone.
दोनों हाथ लूटना और सिर पीटना।	Burning a candle at both ends.
दोस्त वो जो मुसीबत के वक़्त काम आए।	A friend in need is friend indeed.

ध

धन के सिर सेहरा।	The wit of fate never changes.
धन सबको अन्धा कर दे।	Gold is the dust that blinds all eyes.
धन सब गुणों का मूल है।	money creates qualities that never were.
धन से धन आता है।	Money begets money.
धनी का पूत, चाँदी का जूत।	Born with a silver spoon.
धोबिन पर बस न चले, गधी के कान	A bad workman quarrels with

ऐंठे।	his tools.
धोबी का कुत्ता, घर का न घाट का।	(i) A rolling stone gathers no moss. (ii) Going from pillar to post. (iii) Neither fish nor fowl. (iv) One who rides two boats is sure to be overthrown.
धेले की बुढ़िया, टका सिर मुँडाई।	A penny for the bill and a pound for the tip.

न

न आए की ख़ुशी, न गए का ग़म।	If rich be not elected, if poor be not dejected.
न काहुँ सों दोस्ती, न काहुँ सों वैर।	Neither friend nor foe, equality with all.
न घर का न घाट का।	Neither fish nor fowl, neither here nor there.
न जीने की ख़ुशी, न मरने का ग़म।	Nor pleasure in life, nor care to die.
न नौ मन तेल होगा, न राधा नाचेगी।	If the sky falls, we shall gather larks.
न मायका, न ससुराल; है जी का जंजाल।	A spinster's life is always wretched.
न लेन में न देन में।	Neither friend, nor foe, happier and go.
न होगा बाँस, न बजेगी बाँसुरी।	Nip the evil in the bud.
नई जवानी, माँझा ढीला।	Young age, old ways.
नकटा जिए, बुरा हवाल।	He that hath ill name, is half hanged.
नक़्क़ारख़ाने में तूती की आवाज़।	A cry in the wilderness.
नक़ल के लिए भी अक़ल चाहिए।	Even imitation has to be accomplished with a touch of intelligence.

नक़ल को अक़ल क्या?	Why use your wits for imitation.
नदी में रहकर मगर से बैर।	To have enemity with the beast of a jungle.
नया नौ दिन, पुराना सौ दिन।	(i) New is novice, old is trained. (ii) Old friends are more dependable than the new one.
नर्म गुफ़्तगू गुस्से को फरो कर देती है।	Soft answer turneth away wrath.
नहीं आवेगी साख, चाहे खो मरे कोई लाख।	Credit lost is like a broken glass.
नहीं कोई लालच से होता धनी।	Avarice never made any man rich.
ना मामा से काने मामा भले।	Something is better than nothing.
नाक को चूकर मुँह में आना।	(i) Rendered utterly helpless and dejected. (ii) To pay a debt through the nose.
नाक चाहे इधर से पकड़ो, चाहे उधर से।	(i) Different courses for indentical destination. (ii) To try either way, all roads lead to Rome.
नाक पोंछने का भी सलीका नहीं।	He doesn't know even which foot to stand upon.
नाख़ून से माँस जुदा नहीं होता।	Close sits my skirt, but closer my skin.
नाच न जाने आँगन टेढ़ा।	A bad workman quarrels with his tools.
नादान की दोस्ती, जी का जंजाल।	Befriend a fool and suffer a thousand fall.
नादान दोस्त से दाता दुश्मन अच्छा।	Better have a sensible foe than a foolish friend.

नानी के आगे ननिहाल की बातें।	A novice lecturing to the master.
नाम बड़े दर्शन छोटे। **अथवा** नाम बड़े दर्शन थोड़े।	(i) A great name, a show tame. (ii) All that glitters is not gold.
निकला चाँद, अँधेरा हुआ मन्दा।	Falsehood pales before truth.
निकली होंठों, चढ़ी कोठों।	Bad news travels fast.
नीम हकीम, ख़तरा जान।	Ill-advice, danger for life.
नेकनामी जल्दी फैलती है।	Reputation travels fast.
नेकी और पूछ-पूछ।	(i) Do a good turn, but why embarrass your beneficiary. (ii) Why ask the permission of one you are doing a good turn to?
नेकी कर कुएँ में डाल। **अथवा** नेकी कर दरिया में डाल।	(i) Be beneficent but not publicise your deed. (ii) Do good and cast it upon the waters.
नेकी कर ख़ुदा से पा।	Do good and God will reward you.
नेकी की जड़ सदा हरी।	A good cause makes a good arm.
नोखे के हाथ लगी घोड़ी, पानी पी मेरी पदौड़ी।	Set a beggar on horse-back and he will ride to the devil.
नौ नक़द, न तेरह उधार।	A bird in hand is worth than two in the bush.

प

पन्सेरी में पाँच सेर की भूल।	To err time and again.
पढ़े न लिखे, नाम विद्यासागर।	(i) A nincompoop bearing the name Plato. (ii) An ignorant man making great fuss.

पत्ता खड़का, बन्दा भड़का।	Even the rustling of a (dry) leaf would one wary.
पनाह विचार के बात करना।	Cut your coat according to your cloth.
परनाले का पत्थर चौबारे में लगाना। **अथवा** परनाले की ईंट चौबारे में लगाना।	(i) Petty birth, high status. (ii) Poor parents, rich parents-in-law.
परमात्मा उनकी मदद करता है, जो अपनी मदद आप करते हैं।	God helps those, who help themselves.
परहेज़ सबसे बड़ा नुस्ख़ा है।	(i) Prevention is better than cure. (ii) Temprance is the best physics.
पराई आग में हाथ सेंकना।	To enjoy others follies.
पराई चुपड़ी से घर की सूखी भली।	Own parched grams are better than the butter of others.
परिश्रम कभी व्यर्थ नहीं जाता। **अथवा** परिश्रम सफलता की कुंजी है।	(i) Industry must bring its reward. (ii) Labour is the key of success.
प्रशान्त सागर में तूफ़ान आना।	A storm in a tea cup.
प्रश्न गेहूँ, उत्तर जौ।	The answer to be beside the question.
पहले अपनी बुझाओ, फिर दूसरों की।	First watch your interest, then of other's.
पहले अपनी हाँडी गरम करो।	Look to the main chance.
पहले बात को तौलो, फिर मुँह से बोलो।	(i) Look before you leap. (ii) Think well before you speak.
पहले मारे, सो मेरी। **अथवा** पहले मरि, सो मीरी।	Early birds pick up the warms.
पहाड़ी यार किसके, भात खाए खिसके।	(i) Councils in wine seldom prosper. (ii) The dinner over, away go

	the guests.
	(iii) The selfish serves only his own ends.
पाँच पंच मिल कीजे काज, हारे जीते न आवे लाज।	Many hands make work light.
पाँचों उँगलियाँ घी में हैं।	He lives on the fat of the land.
पाँचों उँगलियाँ बराबर नहीं होतीं।	(i) All are not equal. (ii) All of a clan are not alike.
पाँचों घी में सिर कड़ाही में।	To enjoy life under perennial strains and stresses.
पाप की हाँडी भरकर फूटती है।	A sinner has to pay heavy cost for his misdeeds.
पुराना सो खरा।	Old is gold.
पूत के पैर पालने में पहचाने जाते हैं। अथवा पूत के पैर पालने में नज़र आ जाते हैं।	Coming events cast their shadows before.
पेट पिटारी, मुँह सुपारी।	Large mouth, small stomach.
पेट भरे की खोटी चाल।	Sinful pleasures are the portions of the rich.
पेट में दाढ़ी वाले हैं। अथवा पेट में दाढ़ी वाले खेलते हैं।	An old head on young shoulders.
पेड़ बोए बबूल के, आम कहाँ से खाए।	A sinner has to bear fruit for his wrong deeds.
पैर अडंगा, हाथ तड़ंगा।	Going out of bounds, a sure pitfall.
पैसा गाँठ का, यार साथ का।	Penny in a pocket is a good companion.
पोथी पढ़-पढ़ जग मुआ, पन्डित भया न कोए।	As ass load of books does not make a scholar.

फ

फ़क़ीर का घर बड़ा होता है।	(i) A saint has all that he needs.

	(ii) A saint has room for every shelter seeker.
फ़क़ीर की झोली में सब कुछ।	He can work miracles.
फ़क़ीर को क्या दाल, क्या दलिया।	Beggars are not choosers.
फटवा के जीना, जो तके पराई आस।	Pity to those, who defend on the favour of others.
फ़िकर बुरी, फाका भला।	Care will kill a cat.
फ़िक्र पीती है, ख़ूने-दिल।	Anxiety is the canker of the heart.
फ़िक्र से कुछ नहीं होता।	Care avails not.
फ़िराक़ में इश्क़ तड़पता है।	Separation sharpens love.
फूँक मार कर पियो।	Blow first, sip afterwards.
फूटा घड़ा और फूटी क़िस्मत नहीं जोड़ सकते।	That cannot be cured must be endured.
फूल नहीं, पँखुड़ी सही।	A Penny, if not a pound.

ब

बन्दर क्या जाने अदरक का स्वाद?	A blind cannot judge of colors.
बन्दा जोड़े पली-पली, राम उधारें कुप्पा।	Man proposes, God disposes.
बकरी की जान गई; खानेवाले को स्वाद न आया।	(i) Death to one, mirth for the world.
	(ii) Strenuous efforts, no cheers.
बकरे की माँ कब तक ख़ैर मनाएगी।	How long shall the mother's prayers secure the kid?
बग़ल में छुरी, मुँह में राम-राम।	A wolf in lamb's skin.
बग़ल में बच्चा, शहर में ढिंढोरा। **अथवा** बगल में लड़का, नगर में ढँढोरा।	(i) To have a thing in one's pocket, yet to look around for it.
	(ii) The butcher looked for a knife, when that was in his mouth.
बगुला भगत, हाथ सुमिरनी, पेट कतरनी।	A wolf in lamb's skin.
बग़ैर मशक़्क़त के रोटी कहाँ।	No mill no meal.

बछड़ा खूँटे के बल कूदता है।	He dances to another's piping. or He dances to another's tune.
बड़ा अय्यार, शैतान का यार।	An artful fellow is the devil in the doublet.
बड़े बोल का सिर नीचा।	Pride goeth before a fall.
बड़े मियाँ सो बड़े मियाँ, छोटे मियाँ सुभान अल्ला।	The elder was bad, the younger is worse.
बड़ों की बड़ी बातें।	(i) Great are the ways of great men. (ii) Great men have great views and great ways.
बद अच्छा, बदनाम बुरा।	(i) A bad name is worse than bad deeds. (ii) A bad man is better than a bad name. (iii) Bad is good, a bad name is bad. (iv) Drunkard in his house is better than in the drunkard's company.
बदनाम होंगे तो क्या नाम न होगा?	Bad name will also earn reputation.
बन आए की बात है।	There is a chance in the cock's spur.
बनिए का शाह भड़भुजा।	For small men, small credit.
बनी के सब कोई साथी।	Friends are plenty, when the purse is full.
बहती गंगा में हाथ धोना। अथवा बहती नदी में पाँव पखारना।	Do good while you may.
बातों की बुढ़िया, करतब ख़्वार।	Deeds are fruit, words are but leaves.
बायाँ दाएँ को और दायाँ बाएँ को	There is no left or right, when

होता है।	amity in sight.
बारह बरस दिल्ली में रहे, भाड़ ही झोंका।	Well bred, to evil wed.
बारह बरस में तो कूड़े के भी भाग जागते हैं।	Every dog has his day.
बासी कढ़ी में उबाल आना।	(i) Chivalrous deeds by a coward. (ii) Storm in a tea cup.
बासी बचे, न कुत्ता खाए।	To polish off all, and have nothing to Paul.
बासी भात में ख़ुदा का क्या साझा?	Why invite a guest to share a quest of stale rice?
बाहर की चुपड़ी से घर की रूखी भली।	Dry bread at home is better than a roast meat abroad.
बिगड़ी का कोई न साथी।	Adversity flatters no man.
बिन घरनी घर भूत का डेरा।	(i) Haunted house without maid spouse. (ii) No life without wife.
बिन माँगे मोती मिले, माँगे मिले न भीख।	(i) A watched pot never boils. (ii) Contented is graced, greedy is upbraid.
बिन सवैइयाँ, ईद कैसी।	No Christmas without plum cakes.
बिन बुलाए मेहमान, कोई न करता मान।	Uninvited guests sit on thorns.
बिन मारे की तौबा।	To cry before you are hurt.
बिना सेवा कहाँ मेवा।	Faint hearts never win a fair lady.
बिल्ली के भाग्य को छींका टूटा।	A heavy shower in a desert.
बिल्ली को ख़्वाब में छीछड़े ही नज़र आते हैं। **अथवा** बिल्ली को छीछड़ों के ख़्वाब।	(i) As one's mentality, so one's dreams. (ii) It's unfulfilled wishes that mould one's dreams. (iii) The cat dreams of tripe.
बिल्ली ने शेर पढ़ाया, बिल्ली को खाने	

आया।	My foot, my tutor.
बीती ताहि बिसार दे; आगे की सुध ले।	(i) Let by gones be by gones, think about the future. (ii) Let the past bury its dead.
बुढ़िया ग़ज़ब की पुड़िया।	An old woman is a pocket of coil.
बुरी ख़बर जल्दी फैलती है।	A false report rides post.
बुरी संगत से अकेले भले।	Better alone than in bad company.
बूँद का चूका घड़ा ढलकावे।	A stitch in time saves nine.
बूँद-बूँद से घट भरे, बूँद से भरे तालाब।	Many a pickle makes a mickle; many a drops make an ocean.
बूढ़ा तोता, राम-राम नहीं करता।	It is difficult to teach an old man.
बूढ़ी घोड़ी, लाल लगाम।	An old lady in pompous attire.
बूढ़े मुँह मुँहासे।	Symptoms of youth on an old face.
बे अदब, बे नसीब; बा अदब, बा नसीब।	Unmannerly ill fate, good manners fortunate.
बेइज़्ज़ती की सारी से, इज़्ज़त की आधी भली।	Better the half with honour than the whole with disgrace.
बे मन का चाकर, दुश्मन बराबर।	A servant without obedience is a doctor without experience.
बे लाग, बेबाक।	Be just and fear not.
बे वारिसी, नाव डाँवाडोल।	The fatherless child goes astray.
बे सियासत, नहीं रियासत।	For kind and rule, rod and ferule.
बेकार से बेगार भली।	(i) Better to be busy than idle. (ii) Something is better than nothing.

बोएँ पेड़ बबूल के, आम कहाँ से खाएँ?	Gather thistles, expect pickles.

भ

भगवान एक दरवाज़ा बन्द करता है तो दूसरा खोल देता है।	God repays one way or the other.
भगवान के घर में देर है, अन्धेर नहीं।	Sincere efforts never go futile.
भला कहत क्या जाए।	A good word costs nothing.
भले मानुस की सब तरह ख़राबी।	The good and pure, all ill endure.
भाँग पीना आसान, तरंग लेना मुश्किल।	Marry in haste, repent at leisure.
भाँप लेते हैं मजमूँ, लिफ़ाफ़ा देखकर।	Face is the index of mind.
भागते चोर की लंगोटी ही सही।	Something is better than nothing.
भाड़ से निकाल, भट्ठी में झोंक।	Out of the frying pan into the fire.
भीख के टुकड़े, बाज़ार में डकार।	Borrowed garments never fit well.
भीड़ पर जानिए, को वैरी की मीत।	A friend in need is friend indeed.
भूख में किवाड़ पापड़। अथवा भूख में चने भी बादाम। अथवा भूख में चने भी मखाने।	Hunger is the best source.
भूखा सो रूखा।	A hunger man is an angry man.
भेड़ जहाँ जाएगी, मुँडेगी।	The rich are always fleeced.
भोलों का भगवान।	God is the protector of simple-minded.

म

मक्का में रहकर, काबे से दूर।	Nearer the Church, farther from God.

मक़रूज़ सदा ख़्वार रहता है।	A man in debt is stoned every year.
मतलब के लिए गधे को भी बाप कहते हैं। **अथवा** मतलब गाँठने के लिए गधे को भी बाप बनाना पड़ता है।	An end to gain, a donkey his father.
मधवा भाषा, बिड़ौजा टीका।	The commentary is more abstruse than the text.
मन चंगा, कठौती में गंगा।	Clean mind, pious place.
मरता क्या न करता?	(i) A desperate man leaves nothing to chance. (ii) Frustration forsakes morality.
मरने को जी चाहे, कफ़न का टोटा।	If wishes were horses, beggers would ride.
मरी बछिया बाह्मण के नाम।	He will dress an egg and give the offal to the poor.
मरे को मारे, सो मदार।	To harass an oppressed person is a great curse.
मेहनत क़ामयाबी की जामिन है।	Diligence is the best guarantee of success.
मेहनत तक़दीर का ज़रिया है।	Industry is fortune's right hand.
महलवालों के दिल में झोंपड़ियों की कहाँ क़द्र।	Living in glass houses throw stones at others.
महँगा रोए एक बार, सस्ता रोए बार-बार।	Cheap grapes are always sour.
मात पर पूत, पिता पर घोड़ा; बहुत नहीं तो थोड़ा-थोड़ा।	Genes do mould a man's personality.
मान न मान, मैं तेरा मेहमान।	(i) An uninvited guest receives many eye-brows. (ii) An uninvited guest, faces humiliation test.

मान का पान काफ़ी है।	(i) A token of affection is a great gift. (ii) Honour is not weight in coins.
मार के आगे भूत भागे।	(i) Before the whip devil dances. (ii) Need makes the old wife trot.
मार-मार कर खीर खिलाना।	To endow with more favour than one desires.
मारनेवाले से बचाने वाला बड़ा होता है।	The protector is greater than the killer.
मियाँ की जूती, मियाँ का सिर।	Beating somebody with his own stick.
मियाँ जी गए, और लड़के भागे।	When the cat's away, the mice will play.
मियाँ-बीवी राज़ी, तो क्या करेगा क़ाज़ी।	While two are locked in embrace, the third becomes as intruder.
मीठा उत्तर, टाले गरोध (क्रोध)।	A soft answer turneth away wrath.
मीठी छुरी से कड़ुवा करेला भला।	Better an ass that carries you than a horse that throws.
मुँह खावे, आँख लजावे।	Feed the mouth, shame the eye.
मुँह देखकर बीड़ा दिया जाता है।	(i) P [illegible] ([illegible] to affection.
मुँह पर झूठ नहीं बोला जाता।	Face to face, the teeth come out.
मुँह बाए मक्खियाँ नहीं पड़तीं।	Man proposes, God disposes.
मुँह माँगी मुराद मिलना।	Fulfilment of all the desires.
मुँह में राम, बग़ल में छुरी।	A wolf in a lamb's skin.
मुद्दई सुस्त, गवाह चुस्त।	The bridegroom's men are more

	keen on marriage than the groom himself.
मुफ़्त का माल, सब को भला	A gift is acceptable to all.
मुफ़्त की तोबा तिल्ला।	Much ado about nothing.
मुफ़्त की शराब, क़ाज़ी को भी हलाल।	An empty door will tempt a saint.
मुफ़्लिसी की जड़ सुस्ती।	Sloth is the mother of poverty.
मुफ़्लिसी में आटा गीला।	(i) Adversities never come alone. (ii) Misfortunes never come singly.
मुर्गी जान से गई, खाने वाले को स्वाद न आया।	(i) Death to one, mirth for the world. (ii) Strenuous efforts, no cheers.
मुल्ला की दौड़ मस्ज़िद तक।	(i) A priest goes no farther than the Chruch. (ii) A priest sees no farther from the scriptures.
मुसीबत कभी अकेली नहीं आती।	(i) Adversities never come alone. (ii) Misfortunes never come singly.
मुहब्बत से मुहब्बत पैदा होती है।	Love begets love.
मुहब्बत बद से तन्हा भला।	Better to be alone, than in bad company.
मूल से ब्याज प्यारा।	(i) A grand child is fondled more than a son or daughter. (ii) The lure of interest is more compelling than the principal itself.
मेंढकी को भी ज़ुकाम हुआ।	See what airs he gives to himself.
मेरी बिल्ली, मुझी से म्याऊँ।	I don't keep dogs and bark myself.
मेहनती को उलाहना कैसा?	A hard worker is never criticised

	or condemned.
मैंने कोई कसर उठा नहीं रक्खी।	I left no stone unturned.
मैत्री स्वारथ की, रही अकारथ ही।	Wise rats desert a sinking ship.
मोरा ब्याज साहू को खोवे।	High interest, bad security.
मौत का कोई दिन ठीक नहीं है। **अथवा** मौत का कोई दिन नहीं होता।	Death's day is Doom's day.

य

यथा राजा, तथा प्रजा।	(i) As king, as people. (ii) Like ruler, like ruled.
यह वह गुड़ नहीं, जिसे चींटे खाएँ।	I am not to be won by your flattery.
यह मुँह और मसूर की दाल।	Like lip, like lettuce.

र

रंग लाती है हिना, पत्थर पर घिसने के बाद।	A hard worker comes out with flying colours.
रंज और खुशी साथ-साथ चलते हैं।	No joy without alloy.
रंज के बाद राहत।	After a storm comes a calm.
रकाबी में मात, तेरा-मेरा साथ; हो चुका गात टूट गया साथ।	While rice is in your dish, I am with you as you wish.
रस्सी जल गई पर बल न गया।	Reduced to poverty, but still affects the pomp.
राजा की बेटी, कर्म की हेटी।	A princess born, her fate forlorn.
राजा के घर में मोतियों का काल।	A king's palace and a scarcity of pearls.
राजा-राजा सुना करें, कुत्ते-कुत्ते भूका करें।	(i) Dogs bark, while the carvan goes on. (ii) The moon does not heed the barking of dogs.

राम मिलाई जोड़ी; एक अन्धा एक कौड़ी।	(i) A couple with divergent views. (ii) Selfish business partners, always at daggers drawn.
राम-राम जपना, पराया माल अपना।	A robber in the garb of a saint.
रिवाज़ ज़ाहिलों की कुंजी है।	Custom is the guide of ignorants.
रुपए के सब खेल हैं।	No money, no amusement.
रुपए को रुपया खींचता है।	Capital brings wealth.
रूखी-सूखी खाए के ठंडा पानी पी, देख पराई चुपड़ी न तरसाओ जी।	Contentment is the best panacea for long life.
रेशम की अँगिया, मूँज की तनी।	A pitcher of gold, the bottom of brass.
रेशम की साड़ी में टाट का पैबन्द।	A round peg in a square hole.
रोज़ की धमकी आदमी को बेहया कर देती है।	Constant threatenings make one stubborn.
रोज़ की बीमारी मार डालती है।	Constant droppings wears the stone.
रोज़ के टपके पत्थर भी पिघल जाता है।	Constant droppings wears the stone.
रोज़-रोज़ के क़िस्से, आएँ किसके हिस्से।	(i) Who can share the constant woes of a poor man. (ii) Who can medicate a chronic patient.

ल

लँगड़ा कबूतर और आसमान पर घोंसला।	Small powers with great ambition.
लकीर के फ़क़ीर।	He keeps to the beaten path.
लगी छूटती नहीं।	(i) Once the heart is lost, its recovery becomes impossible. (ii) Infection of love persists.

लगी बुरी होती है।	(i) Love leaves none unseathed. (ii) The flame of love once ignited must have its toll.
लड़ाई में लिहाज़ कैसा।	All is fair in love and war.
ललाट का लिखा अमिट है।	What is bolted cannot be blotted.
लाख जाए पर साख न जाए।	(i) Dignity is dearer than gold. (ii) Money has no comparison with fame and dignity.
लाचारी सब कुछ करा लेती है।	Necessity is the mother of invention.
लातों के देवता बातों से नहीं मानते। अथवा लातों के भूत बातों से नहीं मानते।	(i) A mango tree is not cut with one stroke. (ii) Rod is the logic of fools. (iii) The rod is the only language some people understand. (iv) You cannot kill a dog with a bone.
लेना एक न देने दो।	To have no concern whatsoever for nothing, for no purpose at all.
लोभ से कुछ नहीं मिलता।	All covet, all lost.
लोभी का पेट सदा ख़ाली।	(i) A covetous man is ever in want. (ii) The more you covet, the more you need.
लोहे को लोहा काटता है।	Diamond cuts diamond.
लौंडी बनकर कमाओ; रानी बनकर खाओ।	Earn like a girl, enjoy like a lady.

व

वक़्त गहरे ज़ख़्म सुखा देता है।	Time is a great healter.

वक़्त पड़े पर जानियो, कुबरी को मीत।	Adversity distinguishes between friend and foe.
वक़्त वक़्त की रागिनी।	Everything is good in its season.
वहम की दवा तो लुक़्मान के पास भी नहीं।	None can ever cure a hypochondriac.
वहाँ फ़रिश्तों के भी पर जलते हैं।	Even the angles cannot have access there.
वही तीन बीस, वही साठ।	Six of one and haif, a dozen of the others.
विनाशकाले विपरीत बुद्धि।	A jackal runs to the city, when death calls him.

श

शक्कर ख़ोर को शक्कर, भूजी को टक्कर।	For the grateful, rewards; for the oppressor, blows.
शठे शाठ्यं समाचरेत।	Treat a rogue with a heavy rod.
शाह से कहे सो जाए; चोर से कहे जागता रहे।	(i) Player of double game, no shame. (ii) Two-tongued has selfish motive at the end.
शीश में ऐश कहाँ?	He that is angry is seldom at ease.
शेर और बकरी एक घाट पे पानी पीते हैं।	The leopard lies with the kid.
शेर मौक़ा देखकर ही झपट्टा मारता है।	A wounded soul reacts at a proper time.
शेरों के मुँह किसने धोए हैं।	Who can bridle a lion?
शेरों के शेर ही होते हैं।	Good stock, good issue.

स

संघे शक्ति समाचरेत।	Union is strength.
सन्तोष कड़ुवा है, पर फल मीठा है।	Patience is bitter, but its fruit sweet.

सन्तोष परम धन है।	(i) A contented mind is a contented feast. (ii) Contentment is more than a kingdom.
सखी से सूम भला, जो तुरत दे जवाब।	The miser is better than the liberal prevaricator.
सच्चे का बोलबाला, झूठे का मुँह काला।	Appreciation for truth, despise for lies.
सत डिगा, जहान डिगा।	When character is lost, everything is lost.
सत्तर चूहे खाए बिलाई हज को चली।	First sin, them prayers.
सदा नाव काग़ज़ की बहती नहीं।	A lie cannot be hid.
सब अपना भला चाहते हैं।	Every miller draws water to his own mill.
सबको अपना मतलब प्यारा।	Everybody knows his own interest best.
सबको एक लकड़ी से मत हाँको।	Cleave the log according to the grain.
सब दिन चंगा, त्योहार के दिन नंगा।	Gay dresses every day, ill clad on a holiday.
सब पैसे की माया है।	No money, no amusement.
सबसे भली चुप।	Silence is gold.
सब्र का फल मीठा।	Patience pays, fear and forbear.
सब्र नेकों की मीरास है।	Content only belongs to the virtuous.
सभी धान बाइस पन्सेरी।	(i)No differnce between a donkey and horse. (ii) To beat everyone with one stick.
समझदार को इशारा काफी।	A word to the wise is enough.
समय को दुर्लभ जानो।	Make hay while the Sun shines.
समय पर टाँका, नौ का काम देता है।	A stitch in times saves nine.
सयाना कौवा कूड़े पर।	Positive men are often in error.

सयाने का कहा और आँवले का खाया; बाद में स्वाद आया।	An old man's advice though bitter proves useful in the long run.
सयानों की सयानी बातें।	Wisemen give positive advices.
सर पर जूती, हाथ पर रोटी।	Disgrace endured, meat secured.
सवार और प्यादे का क्या साथ?	Drunk and sobar can't agree.
सवाल दीगर, जवाब दीगर। **अथवा** सवाल गेहूँ, जवाब चना।	The answer to be beside the question.
सवेरे सोवे, सुदोसी जागे; सुख सम्पत्ति और बुद्धि पावे।	Early to bed and early to rise, makes a man healthy, wealthy and wise.
सुनार की ठक-ठक, लुहार की धैं।	Fools plan, wisemen implement.
सस्ता, ख़राब ख़स्ता।	Cheap and nasty, dear and good.
सस्ता रोए बार-बार, महँगा रोवे एक बार।	The cheaper buyer takes bad meal.
सहज पके, सो मीठा होए।	(i) A slow fire makes sweet malt. (ii) Slow and steady wins the race. (iii) Slow and sure.
साँच को आँच नहीं।	(i) Pure gold does not fear the flame. (ii) Truth knows no fear.
साँड को दूहना आसान नहीं।	It is not easy to win over a miser.
साँप का काटा, रस्सी से डरे।	A burnt child dreads the fire.
साँप के सँपोले। **अथवा** साँप के सँपोले ही होंगे।	(i) A chip of the old block. (ii) As the crow is, so the eggs shall be.
साँप निकल गया, लकीर पीटा करो।	Lock the stable door, when the

	steed is stolen.
साँप मरे न लाठी टूटे।	All profit without any loss.
साँस अन्दर की अन्दर, बाहर की बाहर।	To be stunned breathless.
साझे की हँडिया, चौराहे पर फूटती है। **अथवा** साझे की हाँडी, चौराहे पर फूटती है।	(i) A common horse is worst shod. (ii) When partners break, their affairs become public.
साफ़ जगह पर मैल और भी बुरा लगता है।	Dirt looks dirtiest on a snow-white surface.
सारा जाता देखिए, आधी लीजे बाँट।	Better give the wool than the whole sheep.
सारी से आधी भली।	Half a loaf is better than no bread.
सावन के अन्धे को हरा ही हरा नज़र आता है।	To live in fool's paradise.
सिर की टली, जान पर आई।	Spared by one calamity, plagued by another.
सिर मुँडाते ही ओले पड़े।	Ill-luck overtakes at the outset.
सिर सहलाए, भेजा खाए।	To cause a jam and apply the balm.
सीधी उँगली से घी नहीं निकलता।	Softness does not evoke compliance.
सुन्दर नारी, चोर द्वार : धनवाले को करें ख़्वार।	A nice wife and a back door often make a rich man poor.
सुई का फावड़ा।	A mountain of a mole-hill.
सुबह का भूला शाम को घर आए।	Veering round to the proper course at long last.
सुनो सबकी, करो मन की।	Ear to everyone, listen to inner voice.
सूखे धान, पानी पड़ा।	After death, the doctor arrived.
सूत न कपास, जुलाहे से लट्ठम-लट्ठा।	(i) To contend without a bone of contention.

	(ii) To count the chickens before they are hatched. (iii) To fight without a basis. (iv) To fight without reason or rhym.
सूम के घर धूम?	Grand feast in miser's house.
सूरज को दीया दिखाना।	To light a candle in the sunshine.
सूली पर चढ़े बिना, ईसा कहाँ?	Popularity demands sacrifices.
सोते का मुँह, कुत्ता चाटे।	(i) The sleeper is at everyone's mercy. (ii) The shirkers is a big loser.
सोने की कुल्हाड़ी से कोई मुँह नहीं फेरता।	Life is too precious to be risked for.
सोने से गढ़ाई महँगी।	It costs more than it is worth.
सोया और मुआ बराबर।	Sleep is like death.
सोलह दूने आठ का पहाड़ा पढ़ाना।	Bewilder by wrong counselling.
सौ की से एक चुप भली।	Silence is gold.
सौ दिन चोर के, एक दिन साध का।	A wrong doer is ultimately punished.
सौ मन चूहे खाके बिल्ली हज़ को चली।	First sin, then prayers.
सौ बात की एक बात। **अथवा** सौ सुनार की एक लुहार की।	(i) A hundred words in one. (ii) The essence of the matter. (iii) The long and short of the matter.

ह

हथेली दोनों हाथों से बजती है।	Two negatives make one affirmative.
हथेली पर सरसों नहीं जमती।	Rome was not built in a day.
हम तो डूबे हैं सनम, तुम्हें भी ले डूबेंगे।	A bankrupt plans for other's bankruptcy.

हम पेशा, हसद हमेशा।	Two of a trade never agree.
हम यार किसके, दम लगाए खिसके।	(i) Counsels in wine seldom prosper. (ii) The dinner over, away go the guests. (iii) The selfish serves only his own ends.
हम्माम में सब नंगे ही नंगे।	A common bolt is held no stain.
हरफ़न मौला, हरफ़न अधूरा।	Jack of all trades, master of none.
हर सफ़ेद पोश शरीफ़ नहीं होता।	All that glitters is not gold.
हर्रा लगे न फटकरी, रंग चोखा आए।	To invest nothing, to gain everything.
हरी खेती, गाभिन गाय; हाथ लगे तब जानी जाए।	There is many a slip between the cup and lip.
हलवाई की दुकान, बाबा जी का फ़ातिहा।	Dependents should not be liberal at the expense of others.
हवन करते हाथ जलते हैं। **अथवा** होम करते हाथ जलें।	Doing a good turn and earning bad name.
हवाई क़िले बनाना। **अथवा** हवाई घोड़े दौड़ाना।	To built castles in the sky.
हाँडी का एक चावल देखा जाता है।	A straw best shows, how the wind blows.
हाथ कँगन को आरसी क्या?	Beauty needs no pomade.
हाथ को हाथ पहचानता है।	A good Jack makes a good Jill.
हाथ, पैर हिलाओगे तो ख़ुदा भी देगा	(i) God helps those, who help themselves. (ii) Use the means and God will help you.
हाथी के दाँत खाने के और, दिखाने के और।	All that glitters is not gold.

हाथी के पाँव में सबका पाँव। अथवा हाथी के पैर में सबका पैर।	(i) A great man has numerous attendants. (ii) A king commands all supremacy. (iii) King's word is not negation.
हाथी निकल गया, पूँछ बाक़ी रह गई।	Result declared, formalities to be accomplished.
हाथी बहे, गधा कहे कितना पानी?	A fool would dare, where better men ill fare.
हाथी बिका गधे के मोल।	(i) A precious article sold at the cheapest rates. (ii) Wastage of one's intellect in inworthy occupation.
हारिए न हिम्मत, बिसरिए न राम।	Be courageous, have faith in God.
हिम्मते-मर्दां, मददे-खुदा।	(i) God helps those, who help themselves. (iii) Heaven helps those, who help themselves.
हींग लगे न फटकरी, रंग चोखा आए।	To invest nothing, to gain everything.
हीरा हीरे को काटता है।	Diamond cuts diamond.
है आग़ाज बद का भी अंजाम बद।	Evil beginnings have had bad endings.
है नेक अंज़ाम का आग़ाज बेहतर।	All is well that ends well.
है नेक आग़ाज का अंज़ाम अच्छा।	A good beginning makes a good end.
है रंज के बाद राहत ज़रूर।	Every winter is followed by summer.
होनहार बिरवान के होत चीकने पात।	(i) Evening red and morning grey are unfailing signs of a genial day. (ii) Coming events cast their

	shadows before.
	(iii) Smooth leaves, a promising plant.
होनी के आगे किसकी चलती है?	Nobody can change the fortune.
होनी थी सो हो चुकी, नसीहत दे क्या?	(i) When a thing is done, advice comes too late.
	(ii) When a thing is done, advice heeds none.
होए वही जो प्रभु रची राखा।	God is the master of his creation.

❑❑❑